BEI GRIN MACHT SICH IHR WISSEN BEZAHLT

- Wir veröffentlichen Ihre Hausarbeit,
  Bachelor- und Masterarbeit

- Ihr eigenes eBook und Buch -
  weltweit in allen wichtigen Shops

- Verdienen Sie an jedem Verkauf

Jetzt bei www.GRIN.com hochladen und kostenlos publizieren

Die Kita als sicherer und inklusiver Ort für queere Kinder. Aufgaben der Kita-Leitung

Tom Schmies

Bibliografische Information der Deutschen Nationalbibliothek:

Die Deutsche Nationalbibliothek verzeichnet diese Publikation in der Deutschen Nationalbibliografie; detaillierte bibliografische Daten sind im Internet über http://dnb.d-nb.de abrufbar.

ISBN: 9783389041246
Dieses Buch ist auch als E-Book erhältlich.

© GRIN Publishing GmbH
Trappentreustraße 1
80339 München

Alle Rechte vorbehalten

Druck und Bindung: Books on Demand GmbH, Norderstedt Germany
Gedruckt auf säurefreiem Papier aus verantwortungsvollen Quellen

Das vorliegende Werk wurde sorgfältig erarbeitet. Dennoch übernehmen Autoren und Verlag für die Richtigkeit von Angaben, Hinweisen, Links und Ratschlägen sowie eventuelle Druckfehler keine Haftung.

Das Buch bei GRIN: https://www.grin.com/document/1485205

■ Hausarbeit

zum Modul II/1 Leitungsfunktionen im strukturellen

Wandel

Bildungs- und Sozialmanagement (BiSo)

Tom Schmies

Eine zeitgemäße Kita für queere Kinder

Abgabedatum:

15. 02 2024

Inhaltsverzeichnis

1 Einleitung

Die vorliegende Hausarbeit beschäftigt sich mit der Frage: Was die Aufgaben einer Kita-Leitung[1] sind, um die Kita zu einem zeitgemäßen Ort für queere Kinder[2] werden zu lassen? Zeitgemäß bedeutet in diesem Zusammenhang, dass der Ort für die Kinder sicher sein sollte und die Kinder in ihrer individuellen Identität ernst genommen werden, wie es in den aktuellen Gesetzen verankert ist. „Das allgemeine Persönlichkeitsrecht umfasst auch das Recht ein Leben entsprechend der eigenen, subjektiv empfundenen geschlechtlichen Identität zu führen, und in dieser Identität anerkannt zu werden" (Rauchfleisch 2021, S. 46). Ziel einer zeitgemäßen Kita für queere Kinder sollte es sein, dass die Kinder das im Zitat benannte Persönlichkeitsrecht in der Kita als erfüllt erleben. Aufgrund der aktuellen gesellschaftlichen Situation, in der das binäre Geschlechtersystem noch sehr fest verankert ist, ist das Vorhaben queeren Kindern einen Schutzraum in der Kita zu eröffnen, in dem sie sich mit ihrer Identität frei entfalten können eine besondere Herausforderung für Kita-Leitungen und das pädagogische Fachpersonal. Alte binäre Traditionen und Strukturen werden in der Gesellschaft noch sehr verteidigt, was sich durch Diskriminierung und Gewalt gegenüber queeren Menschen äußert. Die vorliegende Arbeit beschäftigt sich in Kapitel zwei mit dem Thema Geschlechtsidentitäten[3] im Wandel der Zeit. In Kapitel drei wird der gesetzliche Rahmen und der Schutzbedarf queerer Menschen bzw. queerer Kinder herausgearbeitet, um dann in Kapitel vier darauf aufbauend die Aufgaben für eine Kita Leitung abzuleiten, die sich aus dem Rechtsauftrag, dem Schutzbedarf und den Unterstützungsbedarf für eine gesunde Entwicklung von queeren Kindern ergeben.

2 Geschlechtsidentität im Wandel der Zeit

Noch vor hundert Jahren ging man gesellschaftlich davon aus, dass es lediglich zwei Geschlechter gebe: Mann und Frau. Man ging weiterhin davon aus, dass die äußeren Geschlechtsmerkmale Aufschluss darüber geben, ob es sich bei dem Menschen um einen Mann bzw. um eine Frau handelt, je nach biologisch sichtbaren Merkmalen. Alle Menschen, die dieser Norm nicht entsprachen wurden als krankhaft empfunden. Es gab stereotype Rollenbilder und Aufgaben, bzw. Machtpositionen, die wie selbstverständlich in allen Ebenen

---

[1] Die Abkürzung Kita wird im Folgenden für den Begriff Kindertagesstätte verwendet.
[2] Die Bezeichnung „queer" wird in dieser Arbeit als Sammelbegriff für alle Identitätsvarianten verwendet, die nicht cis Personen sind. Eine cis Person „fühlt sich dem ihr bei der Geburt zugewiesenen Geschlecht zugehörig (Carl und Kolb 2023, S. 32). Der Autor Rauchfleisch spricht von trans* mit derselben Definition wie in dieser Arbeit der Begriff queer Verwendung findet, daher wird zur einheitlichen Begriffsnutzung in dieser Arbeit beim Vergleichen zu seinem Werk trans* durch die Bezeichnung „queer" ersetzt.. Die Verwendung der Begriffe ist in der Literatur noch nicht einheitlich fixiert.
[3] Unter Geschlechtsidentität versteht man das individuelle geschlechtliche Empfinden einer Person. Manche Personen fühlen sich „weiblich, oder männlich, andere wechselhaft oder uneindeutig oder jenseits der Kategorien" (Carl und Kolb 2023, S. 30). Der Identitätsbegriff soll in dieser Arbeit „zur Bezeichnung der psychischen Seite der Geschlechtsidentität" (vgl. Rauchfleisch 2021, S. 29) verwendet werden.

der Gesellschaft akzeptiert wurden. Im Laufe der letzten Jahrzehnte haben sich diese starren Rollenbilder der Geschlechter immer mehr verändert. Es wurde die „geschlechterbewusste Pädagogik" (vgl. Hubrig 2023) gefordert. Immer noch ausgehend von zwei Geschlechtern wurde nun versucht die klischeeartigen Rollenzuschreibungen der Gesellschaft zu entkräftigen und das Machtgefälle zwischen Mann und Frau zu verändern (vgl. Hubrig 2023, S. 17). Die neusten wissenschaftlichen Erkenntnisse im Bereich der Geschlechter erkennen an, dass mehr als nur zwei Geschlechtsidentitäten beim Menschen vorkommen. Unser Wissen um die menschliche Geschlechtsidentität ist im Laufe der letzten Jahre komplexer geworden und hat entsprechend der Aufdeckung der verschiedensten Ausprägungen, vielfältige Namen bekommen, die man vor einigen Jahren noch nicht hatte. Die Menschen gab es allerdings auch damals schon, man hatte nur keine Namen für alles was nicht in die Kategorien männlich/weiblich passte (vgl. Carl und Kolb 2023, S. 9–10) Auch unser gesellschaftlicher Umgang mit dem Thema geschlechtliche Identitäten hat sich gewandelt. Heute weiß man, dass die Geschlechtsidentität eines Menschen nicht zwangsläufig mit den körperlichen Geschlechtsmerkmalen übereinstimmt, wie es bei trans* Kindern (vgl. Carl und Kolb 2023, S. 31) der Fall ist. Inter* Kinder (vgl. ebd., S. 36) sind mit nicht eindeutig ausgeprägten männlichen bzw. weiblichen äußeren und/oder inneren Geschlechtsmerkmalen ausgestattet. Es ist ebenso wissenschaftlich anerkannt, dass es Menschen gibt, bei denen die Geschlechtsidentität nicht als stabil empfunden wird, den genderfluiden (vgl. ebd., S. 34), und nicht-binären Kindern (vgl. ebd., S. 31) oder die sich grundlegend keinem Geschlecht zugehörig fühlen, was als „agender" (ebd., S. 30) bezeichnet wird.

Die Wissenschaft hat herausgefunden, dass die Geschlechtsidentität eines Menschen nicht von diesem gewählt oder ihm anerzogen wird und bereits von dem neugeborenen Kind mit auf die Welt gebracht wird. Dies gilt sowohl für cis Kinder als auch für queere Kinder. Wie sich die cis bzw. queere Identität genau bildet ist derzeit noch unklar (vgl. Rauchfleisch 2021, 11f). Da wir Menschen unsere Geschlechtsidentitäten bereits bei der Geburt mit auf die Welt bringen, betreffen die wissenschaftlichen Erkenntnisse in erheblichen Maße bereits die Kinder, und damit den Bereich der Kitas, in denen aufgrund dieser weitreichenden Erkenntnisse ein Umdenken und Umstrukturieren auf vielfältigen Ebenen nötig wird, um allen Kindern, den cis, wie den queeren Kindern einen geschützten und ihre individuellen Identitäten anerkennenden Lebensraum in der Kita zu ermöglichen. Aus den wissenschaftlichen Erkenntnissen lässt sich ein neues Bild von der kindlichen Identität ableiten. Es sind nicht mehr länger die cis Kinder als gesund und alle, die sich dem Bild des cis Kindes nicht zuordnen können, als pathologisch zu betrachten. Das zeitgemäße Bild vom Kind bezogen auf seine Geschlechtsidentität[4] ist,

---

[4] Es ist wichtig zu beachten, dass es in dieser gesamten Arbeit nur um die Geschlechtsidentität eines Menschen geht und nicht um die sexuelle Orientierung, die für Kitakinder noch keine Rolle spielt.

dass es genauso normal ist cis zu sein, wie queer zu sein. Cis Gender ist zu allen anderen queeren Gendervarianten als gleichberechtigt existierend anzusehen (vgl. Meyer 2023, S. 68).

Die Identitätsentwicklung verläuft bei allen Kindern in der gleichen Weise, ob es sich um cis Kinder oder queere Kinder handelt (vgl. Rauchfleisch 2021, S. 31). Die Voraussetzungen für die Entwicklung von cis Kindern sind allerdings anders als die für queere Kinder. Die queeren Kinder haben diverse Stressfaktoren, die cis Kindern in dieser Form nicht begegnen, da sie im Regelfall in einer Umgebung aufwachsen, die auf ihre eigene cis Geschlechtlichkeit aufbaut (vgl. ebd.). Für die Arbeit in einer Kita stellt sich daher die Frage, wie können für queere Kindern passende Rahmenbedingungen geschaffen werden, die auch ihnen eine gesunde Identitätsentwicklung ermöglicht.

3 Queere Kinder – eine Standortbestimmung

Für viele queere Kinder sind pädagogische Einrichtungen keine sicheren Orte. Sie erleben Diskriminierung und Mobbing aufgrund ihres queeren Seins (vgl. Rauchfleisch 2021).

Die Bundesregierung setzt mit ihrem Kabinettsbeschluss im November 2022 ein deutliches Signal für die Anerkennung von Vielfalt. Sie bezieht Stellung in dem sie in ihrem Beschluss „erstmals in der Geschichte der Bundesrepublik [...] einen Aktionsplan in Kraft treten lässt, der für eine aktive Politik gegen Diskriminierung von queeren Menschen" (Die Bundesregierung informiert | Startseite 2024d) steht. Es sind verschiedene Maßnahmen geplant und bereits in Umsetzung. Ziel dieser Maßnahmen sei es, mehr Akzeptanz und eine lebendige Vielfaltskultur zu schaffen (soziales. hessen.de 2024c), um so den Alltag und die rechtliche Stellung von queeren Menschen zu verbessern (Die Bundesregierung informiert | Startseite 2024b). Dies gilt insbesondere auch für den Bereich Kitas (soziales. hessen.de 2024d).

Der Auftrag an die Kitas ist, dass queere Kinder/Menschen ab sofort als gleichberechtigte Partner in unserer Gesellschaft anzusehen, wertgeschätzt und ernst genommen werden sollen. Dieses Vorhaben wurde nun rechtlich untermauert, allerdings sieht man an den Schriften der Bundesregierung deutlich, dass diese politische Positionierung nur einer der allerersten Schritte auf dem Weg zur allgemeinen Akzeptanz ist. Tatsächlich sind wir in unserer Gesellschaft noch lange nicht am Ziel dieser Maßnahmen angekommen. Queere Menschen müssen sich bereits in jungen Jahren mit Diskriminierungen, Anfeindungen, Ausgrenzung, Unverständnis und Pathologisierung auseinandersetzen, bis hin zu offener körperlicher Gewalt (vgl. Meyer 2023; vgl. Rauchfleisch 2021; vgl. Carl und Kolb 2023; vgl. Meinhold). Das bisher gewohnte Bild, dass nur die cis Menschen gesund seien und alle anderen krank, ist gesamtgesellschaftlich nicht leicht zu verändern. Der Plan der Regierung ist dazu breit und vielschichtig angelegt. Es werden Impulse zur Aufklärung gesetzt, Beratungsangebote geschaffen, es wird mit härterem Vorgehen der „intensive [...] Kampf gegen Queerfeindlichkeit" (soziales. hessen.de 2024b) aufgenommen. An diesen so formulierten

Worten der Regierung wird deutlich, dass ein hoher Bedarf an Schutz für die queeren Menschen und erst recht für die queeren Kinder nötig ist. Ziel der Bundesregierung ist es, „LSBTIQ*Menschen[5] besser vor Gewalt, Übergriffen und Anfeindungen zu schützen. Laut Sven Lehmann, dem Queer-Beauftragten der Bundesregierung, gibt es jeden Tag in Deutschland etwa drei bis vier Angriffe auf queere Menschen" (Die Bundesregierung informiert | Startseite 2024a). Die Bundesregierung plant dazu ein „Diskriminierungsverbot wegen ´sexueller Identität´ mit ins Grundgesetz" (Die Bundesregierung informiert | Startseite 2024c) aufzunehmen. Das Ziel ist es, dass „alle Menschen in Hessen selbstbewusst und ohne Angst verschieden sein können – unabhängig von [...][ihrer, der Verfasser] Geschlechtsidentität" (soziales. hessen.de 2024e).

Kitas sollen ein Ort sein, an dem Kinder ihre Persönlichkeit in der Gemeinschaft entfalten können und vor Diskriminierung geschützt sein sollen „Kinder haben ein Recht auf Schutz" (soziales. hessen.de 2024a). Es stellt sich die Frage an welchen Stellen brauchen queere Kinder in der Kita Schutz? Was gibt es für Stressfaktoren, mit denen sich queere Kinder auseinandersetzen müssen? Im Folgenden werden die Stressfaktoren aufgeführt, aus denen sich der Schutzauftrag an die Kitas ableiten lässt.

Der Großteil der heutigen Eltern erwarten immer noch, dass sie ein cis Kind zur Welt bringen. „Erst im Verlaufe der Zeit nehmen [...] [sie] bei [...] [ihrem] Kind wahr, dass diese Annahme nicht zutrifft. Das Kind macht dabei die Erfahrung, während einer mehr oder weniger langen Zeit nicht so wahrgenommen und behandelt zu werden, wie es seinem innersten Wesen entspricht" (Rauchfleisch 2021, 31f). Dies kann sehr tiefe Verletzungen zur Folge haben (ebd., S. 32). Queere Kinder lösen dadurch, dass sie sich nicht geschlechtsrollenkonform präsentieren, „in ihrer Umgebung häufig große Irritationen bis hin zu heftigen Ablehnungen aus" (ebd., S. 57), da die Information, dass sie nicht der cis Norm entsprechen für die Eltern oft sehr unerwartet kommt. Nicht selten kommt es zu physischer und psychischer Gewalt gegenüber dem Kind (vgl. ebd., S. 32), was laut dem deutschen Ethikrat (2020) „verhängnisvolle Folgen für ihre psychische Gesundheit und ihr Wohlbefinden" (Florian 2024; zit.n. ebd., S. 46) haben kann. Besonders große Schwierigkeiten haben Eltern damit, wenn ihre Kinder sich als nicht-binär, genderfluid oder agender wahrnehmen (vgl. ebd., S. 32). Zeigt nur ein Elternteil der Identität des Kindes gegenüber Akzeptanz, kommt es häufig zu Konflikten zwischen den Eltern, was dazu führen kann, dass sich das Kind für die Konflikte verantwortlich fühlt, da der Ausgangspunkt für die Konflikte die Identität des Kindes ist (ebd., S. 99). Die häufigsten Diskriminierungen die queere Kinder in der frühen Kindheit von 0-6 Jahren ertragen müssen sind Erfahrungen von Ablehnung durch ihre Bezugspersonen. Sie werden in ihrer Geschlechtlichkeit nicht ernst genommen, werden in ihren Familien beschimpft oder lächerlich gemacht. Sie werden von anderen Kindern ausgegrenzt, gemobbt und beleidigt. Sie werden

---

[5] Bedeutung des Buchstabenkürzels vgl. Carl und Kolb 2023, S. 28.

ignoriert, wenn sie den Wunsch nach einem anderen Namen und Pronomen äußern oder werden mit Voyeurismus belästigt (vgl. ebd., S. 54). Häufig müssen sich bereits trans* [bzw. queere, der Verfasser] Kinder mit negativen Vorurteilen über ihre Identität auseinandersetzen (ebd., S. 41). Es besteht die Gefahr, dass die Kinder diese negativen Bilder zu ihrer Identität unbewusst übernehmen, was zu „verhängnisvolle[n] Folgen für die psychische Gesundheit der Betreffenden [führen kann]" (ebd., S. 42).

Trans* Kinder durchlaufen in Ihrer Identitätsentwicklung mehrere Phasen. [6] In der ersten Phase leben sie zunächst unbewusst ihre innewohnende Identität aus. In der zweiten Phase wird ihnen ihre Identität für sich selbst bewusst, diesen Prozess nennt man inneres Coming-out. Sie beginnen in dieser Phase zu realisieren, dass das ihnen bei ihrer Geburt zugeschriebene Geschlecht für sie so nicht, nicht eindeutig oder nicht dauerhaft, passt. In der dritten Phase bekennen sich die Kinder nach außen zu Ihrem Geschlecht (äußeres Coming-out) (vgl. Rauchfleisch 2021, 24f). Sie äußern in dieser Phase beispielsweise im engen Freundes- oder Familienkreis, bzw. in der Kita, den Wunsch, mit anderen Namen und/oder Pronomen angesprochen zu werden oder möchten zum Beispiel durch Kleidung ihre Außenrepräsentation verändern (vgl. Queer-in-der-Kita). Wie früh in der Kindheit der Prozess des inneren Coming-out abläuft, hängt vor allem von der Haltung und dem Verhalten der Bezugspersonen in der nahen Umgebung des Kindes ab. Umso negativer deren Haltung ist, desto eher wird das Kind sich nicht sicher fühlen und es wird schwieriger für es selbst sich einzugestehen, dass es queer ist (Rauchfleisch 2021, S. 38). Je stärker der cis normative Einfluss durch die Umgebung auf sie einwirkt, desto mehr kann dieses innere Erleben, was im Außen ggf. wenig Akzeptanz erfährt, zu einer Belastung für das Kind werden. Als Folge kann es in der zweiten Phase zur „Ablehnung des eigenen Körpers und dadurch bedingt ein Anstieg des Leidensdrucks der trans Person [kommen]" (ebd., S. 24). Das Kind wird sich ggf. einsam in dieser Phase fühlen und wird immer wieder Entscheidungen treffen müssen inwieweit es sich an die binären Erwartungen anpasst oder es seiner eigenen Identität entsprechend sich ausdrückt (vgl. ebd.). In der Phase, in der das Kind seine Identität nach außen zeigt, kann es zu sozialen Konflikten und Kränkungen kommen, je nach der Reaktion der Menschen auf das Outing (ebd., S. 24–25). Die Zeit, die eine trans* Person braucht, um ein inneres oder auch äußeres Coming-out zu vollziehen kann individuell sehr unterschiedlich lange dauern.

Queere Kinder befinden sich in einer Welt, die immer noch sehr starke gender- und sexistische Klischees hat, da unsere Gesellschaft trotz aller Bemühungen der Geschlechterbewussten Pädagogik (vgl. Hubrig 2023), die schon seit einigen Jahren aktiv Einzug in unsere Kitas

---

[6]Den Prozess vom Hinübergehen in das innerlich empfundene Geschlecht nennt man Transition. Dieser Prozess verläuft individuell unterschiedlich, abhängig von den inneren und äußeren Bedingungen, in denen sich die queere Person befindet. Rauchfleisch beschreibt einen klassischen Transitionsweg für Trans* Kinder, dieser ist abgewandelt aber auch für die anderen queeren Identitäten vergleichbar, der Verfasser.

gehalten hat, immer noch sehr stark cis normativ, also binär ausgerichtet ist (vgl. Rauchfleisch 2021, 11f). So stellen alltägliche Dinge und Situationen wie gegenderte Toiletten, Umkleiden, Verkleidungsmaterialien, Spiel- und Bewegungsangebote, Abzählregeln usw. die Kinder vor große Herausforderungen, da sie sich den für sie vorgesehenen Zuordnungen nicht oder nicht dauerhaft zugehörig fühlen. Für queere Kinder bedeutet die Konfrontation mit den genderklischeeartigen Erwartungen an sie, dass sie sich selbst ständig reflektieren und erklären müssen. Sie werden dadurch ständig darauf hingewiesen, dass es für ihr Dasein keine vorgesehene Kategorie gibt (Meyer 2023, S. 73).

Noch immer bleiben viele queere Menschen unsichtbar aus Angst vor Diskriminierung und Mobbing. Das hat zur Folge, dass die Kinder kaum für sie wahrnehmbare Vorbilder und damit keine Identifikationspersonen haben, an denen sie sich orientieren können. So können sie keine Gruppenzugehörigkeit entwickeln, in der sie sich gesehen, wertgeschätzt und nicht als Einzelfall, bzw. extreme Minderheit erleben! Es ist für die Kinder allerdings sehr wichtig, dass sie sich u.a. in Medien wiederfinden, das „macht sichtbar, dass sie nicht alleine, sondern eine*r von vielen und Teil einer ´Community´ sind. Dies kann […][sie] in ihrer Identität bestärken […], was auch ein ´Comingout´ erleichtern kann" (Familie, Internetredaktion des Bundesministeriums für 2024a).

Die Reaktion der queeren Kinder auf die oben genannten Stressfaktoren ist sehr unterschiedlich, je nach individueller Resilienz der Kinder und der Ausprägungsstärke der Stressfaktoren. Es gibt Kinder, die daran innerlich kaputt gehen, andere, die sich anpassen, um ggf. erst zu einem späteren Zeitpunkt das zu leben, was sie als Kinder nicht leben können (vgl. Meyer 2023, S. 76). Wieder andere sind selbstbewusst und gehen mit einer inneren Ich-Stärke durch diese Herausforderungen durch (vgl. Rauchfleisch 2021, 132f). Das „queer Sein" stellt viele Gefahren für eine gesunde Entwicklung von an sich gesunden queeren Kindern dar, die die queeren Kinder nur dann gut überstehen können, wenn sie genügend Ich-Stärke und soziale Kompetenz entwickelt haben, um die vielen Hürden, denen sie ggf. im Laufe ihres inneren und äußeren Coming out Prozesses begegnen, gut zu nehmen (vgl. ebd., S. 65–70). „Dennoch zeigt die Lebensrealität dieser Kinder […], dass sie diese Probleme größtenteils unbeschadet überstehen und aus der Auseinandersetzung damit häufig sogar gestärkt hervorgehen" (ebd., S. 132).

4 Aufgaben der Kita Leitung

Ausgehend von der in Kapitel 3 aufgeführten politischen Ausgangssituation und den Stressfaktoren von queeren Kindern werden im Folgenden die Aufgaben einer Kita Leitung für eine zeitgemäße Kita für queere Kinder aufgeführt. Der Leitung einer Kita kommen viele Aufgaben zu, damit die Kita zu einem Ort wird an dem cis Kinder und queere Kinder gleichermaßen wertgeschätzt werden (Meyer 2023). Die größte Herausforderung, die es aktuell noch zu meistern gilt, ist es, dass die Gesellschaft derzeit erst am Anfang der Umsetzung von Kinderrechten für queere Menschen steht, was bedeutet, dass noch sehr viel Widerstand, Diskriminierung und Gewalt queeren Menschen gegenüber zu finden ist. Eine Kita Leitung sollte sich und ihr Team gut auf die Umsetzung der zeitgemäßen Kita für queere Kinder vorbereiten und sich und Ihrem Team Antworten und Reaktionen bereitlegen, um hilfreich auf Fragen, kritische Äußerungen oder Angriffe aus der Elternschaft oder der Öffentlichkeit reagieren zu können (Vielfalt in der Kita: Methoden für Kita-Fachkräfte 2024).[7] . Es muss in der aktuellen gesellschaftlichen Situation immer noch mit Anfeindungen gerechnet werden (Queer-in-der-Kita).

Die Leitung hat den Auftrag, die Kita vom rein binären zu einem nicht-binären offenen Ort zu entwickeln. Sie sollte dazu gemeinsam mit Ihrem Team sowohl für cis, als auch für die queeren Kinder Identifikationsmöglichkeiten für die eigene Identität schaffen und den Kita Alltag so gestalten, dass alle Kinder sich sicher fühlen können. Um diese Ziele zu erreichen muss die Leitung dafür Sorge tragen, dass die pädagogischen Mitarbeiter*innen über den aktuellen wissenschaftlichen Stand zu queeren Kindern und die rechtlichen Vorgaben aufgeklärt werden. Die Pädagog*innen sollten über den Ablauf einer Transition informiert sein und geschult werden, mit welchen Verhaltensweisen sie bei den individuellen Identitäten rechnen können, um möglichst wenige spontane Irritationen von Pädagog*innen hervorzurufen, die wiederum das Kind verletzen könnten. Die Leitung sollte mit ihrem Team den Schutzauftrag für queere Kinder differenziert analysieren und einen Verhaltenskodex entwickeln, an den sie sich in Mobbing- oder Diskriminierungsfällen gegenüber den queeren Kindern halten können. Vom Bundesministerium gibt es den klaren Auftrag dazu: „Greifen Sie ein, wenn Kinder wegen ihrer Kleidung, ihres Verhaltens, oder Aussagen zu ihrem Geschlecht herabgewürdigt werden" (Familie, Internetredaktion des Bundesministeriums für 2024b). Gemeinsam mit dem Team sollte die künftige Haltung gegenüber den Kindern reflektiert werden. Die Kita Leitung trägt dabei die Verantwortung darüber, dass die Pädagog*innen in ihrer täglichen Arbeit ihre ggf. vorhandenen „geschlechtlichen Vorannahmen" ablegen und beginnen die oft zarten Hinweise der Kinder zu ihrer individuellen Geschlechtsidentität zu hören und ernst zu nehmen. Dies kann für Pädagog*innen herausfordernd sein, da die queeren Kinder auch unsere z.T. übernommenen Ansichten und Denkmuster in Frage stellen werden. Es geht dabei nicht darum, die Kinder zu verändern, sondern sie ernst zu nehmen, und ihnen eine Umgebung inkl. Bezugspersonen an die Seite zu stellen, mit deren Hilfe sie ihren Weg gesund gehen können (vgl. Carl und Kolb 2023, S. 11). Dazu ist es nötig, dass die Kita Leitung über die verschiedenen Identitätsvarianten und deren Benennung und auch über den gesamten Transitionsweg, den trans* Menschen durchlaufen bis hin zur operativen Geschlechtsangleichenden Operationen informiert sind. Nur so kann sie professionell die

---

[7] Auf der Internetseite des LSVD finden sich zu diesem Thema konkrete Praxistipps.

aufkommenden Fragen und Sorgen der Eltern und Pädagog*innen beantworten. Damit schafft sie für das Kind einen Schutz, da sie so durch Aufklärung und rechtzeitige Anbietung von Hilfe, der Überforderung von Eltern und Pädagog*innen entgegenwirken kann, die ansonsten schlimmstenfalls in verletzender Form das Kind zu spüren bekäme. Die Kita Leitung sollte dafür sorgen, dass auch ihr Team Grundwissen über queere Kinder und die unterschiedlichen Identitäten hat. Vor allem aber über die Phasen des Transitionsweges, die Kinder ggf. in der Kita durchlaufen. Nur so können sie die queeren Kinder schützen, so dass sie sich nicht verstecken müssen (Meyer 2023). Die Leitung sollte darauf achten, dass die Pädagog*innen Irritationen aushalten lernen, um die Gefühle und die Identität der Kinder zu achten, zu respektieren (Carl und Kolb 2023, S. 12). Sie hat außerdem dafür Sorge zu tragen, dass das pädagogische Handeln in der Kita, entsprechend den Zielen, ausgerichtet wird. Sie achtet auf einen respektvollen Umgang der Pädagog*innen, in Worten und Taten, mit den Kindern. Dazu gehört, dass diese die Kinder nach ihrem gewünschten Pronomen fragen, und dieses akzeptieren und anwenden, auch wenn das Kind einmalig oder mehrmalig einen Änderungswunsch diesbezüglich äußert. Dasselbe gilt für den Vornamen eines Kindes. Äußert das Kind den Wunsch diesen zu verändern, wird diesem Wunsch im pädagogischen Team nachgekommen. Die Pädagog*innen sind angehalten ihre Sprache gendersensibel einzusetzen und auch ihre Spielangebote entsprechend gendersensibel zu gestalten und Materialien, wie beispielsweise Bücher zur Verfügung zu stellen, in denen die Kinder Identifikationsmöglichkeiten finden. Um einer Diskriminierung und Mobbing von anderen Kindern vorzubeugen ist eine vielschichtige Aufklärungs- und Präventionsarbeit der pädagogischen Fachkräfte hilfreich. Wenn es auch für cis Kinder normal ist, queere Charaktere in Büchern zu finden und die Pädagog*innen mit einer gendersensiblen Sprache sprechen und eine positive Haltung queeren Menschen gegenüber haben, dann hat Diskriminierung aufgrund von Ablehnung von Fremdem nicht mehr viel Boden[8] (Queer-in-der-Kita). Die Leitung sollte darauf achten, dass ihr Team die Kinder in der Auseinandersetzung mit Ihren Identitätsfragen unterstützen (Familie, Internetredaktion des Bundesministeriums für 2024b). So wird das Team beispielsweise dazu angehalten die Kinder zu fragen, mit welchen Pronomen sie angesprochen werden möchten. Die Kinder erfahren dadurch welche Pronomen es gibt und, dass jeder Mensch selbst wählen kann, was für ein Pronomen für die eigene Person richtig ist. Queere Kinder haben so die Chance sich über die eigene Identität klarer zu werden und erleben sich als einen angenommenen Teil der Gemeinschaft (vgl. Oldemeier 2021, S. 167). Die Pädagog*innen werden von der Leitung angehalten mit den Kindern offen über die verschiedenen Identitäten von Menschen zu sprechen.

Aufgabe der Leitung ist es einen sensiblen Blick für die Erziehungspartnerschaft mit Eltern von queeren Kindern und ihren individuellen Bedarfen zu entwickeln. Es ist zum Schutz des Kindes

---

[8] Anregungen zur Ausgestaltung finden sich in der Broschüre Queer in der Kita! (Queer-in-der-Kita.

und zur Unterstützung der Eltern eine enge Zusammenarbeit anzustreben. Die Leitung kann die ortsnahen Anlaufstellen, wie Beratungsstellen, regionale Trans* Kinder /queere Kinder Familiengruppen vermitteln oder den Kontakt zu Trakine[9] herstellen. Für die queeren Kinder ist es wichtig, dass sie andere Kinder kennenlernen, die ebenfalls queer sind, um sich austauschen zu können und sich als gesundes Kind unter Gleichgesinnten zu erleben (vgl. Rauchfleisch 2021, S. 122). Die Kita Leitung hat die Aufgabe ihr Team über die Zusammenhänge zwischen dem Kind, seinen Eltern und dem weiteren Umfeld aufzuzeigen, damit auch die pädagogischen Fachkräfte professionell und sensibel mit den Familien umgehen können. Über den Weg des positiven Vorbildes, der Aufklärung und Hilfestellung für die Eltern und Familien haben die Pädagog*innen und die Leitung Möglichkeiten auf die Haltung und das zukünftige Verhalten der Eltern Einfluss zu nehmen und so einen Beitrag zum Schutz des Kindes zu leisten[10] (Queer-in-der-Kita).

Eltern benötigen von der Kita Unterstützung, da sie oft recht unvermittelt vor der Tatsache stehen, dass „ihr Kind nicht so ist, wie sie es erwartet haben, […] und müssen sich mit ihren eigenen Sorgen, Ängsten und zum Teil auch mit Schuldgefühlen, die sie gegen sich selbst richten, auseinandersetzen" (Rauchfleisch 2021, S. 112). Die Kita Leitung sollte darauf achten, dass ihr Team über die möglichen Stressfaktoren, denen Eltern von queeren Kindern ausgesetzt sein können, informiert ist. Nur so können sie die Eltern angemessen begleiten. Sie sollten wissen, dass wenn Eltern zunächst beim Coming out des Kindes transfeindliche Reaktionen zeigen, dahinter oft keine generelle queer Feindlichkeit steht, sondern eher eine Schockreaktion, da sie mit der Situation oft überfordert sind und häufig auch sehr wenig darüber informiert sind, was das genau bedeutet, was ihr Kind ihnen mitteilt. „Die Eltern […] erfahren […] plötzlich von […] Identitäten, die ihnen völlig fremd sind, und reagieren darauf unter Umständen mit Unverständnis und nicht selten auch mit Ablehnung" (ebd., S. 112). Hat ein queeres Kind sich seinen Eltern gegenüber geoutet, stehen diese häufig sehr schnell vor der Situation, dass das Kind auch von der restlichen Umgebung in seiner Identität erkannt und akzeptiert werden möchte, so kommen die Eltern in die Situation, dass sie Ihr Umfeld über die Identität ihres Kindes aufklären müssen (vgl. ebd., S. 117). Eltern müssen sich dann gegebenenfalls Vorwürfe anhören, was sie getan oder auch nicht getan haben, dass ihr Kind sich „so" benimmt. Es kann dazu kommen, dass ihr Kind, oder auch sie als Kleinfamilie Ausgrenzung befürchten oder erleben werden. Manche Eltern erleben, dass ihnen die Schuld für die so verlaufende Entwicklung gegeben wird. (vgl. ebd., S. 117). Für Eltern ist es daher wichtig eine fachliche Begleitung in der Kita zu erhalten und ggf. Hilfen bei der Erziehung des nicht-geschlechtsrollenkonformen Kindes. Sie brauchen vor allem ein gutes Gefühl damit,

---

[9] TRAKINE ist die „Selbsthilfegruppe für Eltern und Familienangehörige von minderjährigen Trans* Kindern" (Rauchfleisch 2021, S. 118).
[10] Anregungen zur Ausgestaltung im Kita Alltag befinden sich in der Broschüre „Queer in der Kita!" (Queer-in-der-Kita.

dass ihr Kind gut in der Kita integriert ist (vgl. ebd., S. 105–106). Pädagog*innen sollten die Eltern „*sachlich informieren* und ungerechtfertigte Vorwürfe und Ansichten *korrigieren*" (ebd., S. 117). Eltern brauchen Rat und auch Zeit, um die ggf. für sie neue Erkenntnis, dass ihr Kind queer Geschlechtlich ist, zu verarbeiten. Sie benötigen Zeit sich darüber zu informieren, um so ihr Kind bestmöglich zu begleiten. Dies sollte von den Pädagog*innen für die Kinder transparent gemacht werden (vgl. ebd., S. 117). Um die Resilienz eines Kindes zu stärken ist es besonders wichtig, dass die Eltern in ihrer elterlichen Kompetenz gestärkt werden und damit die Akzeptanz ihrem Kind gegenüber verbessert wird. (vgl. ebd., S. 134). Die Leitung der Kita sollte, ggf. in Zusammenarbeit mit einer Beratungsstelle in regelmäßigen Abständen zur Prävention von Diskriminierung Elternabende zum Thema Queer in der Kita anbieten. (Meyer 2023). Sie sollte eine gezielte Öffentlichkeitsarbeit durchführen mit Aspekten von Positionierung und Aufklärung, so dass das Thema Queer in der Kita „normal" wird.

5 Fazit

Die vorliegende Arbeit hat gezeigt, auf Leitungen in Kitas kommt eine große verantwortungsvolle Rolle zum Thema zeitgemäße Kita für queere Kinder zu. Noch immer bestehen viele Vorurteile in der Öffentlichkeit und die Menschen müssen mitgenommen werden, auf einen für viele immer noch recht neuen Weg, der ihnen z.T. sehr befremdlich scheint. Leitungen müssen ihre Mitarbeiter*innen und Eltern aufklären und Strukturen und Rahmenbedingungen schaffen zum Schutz der Kinder. Dazu ist es notwendig, dass sie sich selbst inhaltlich gut aufzustellen und sich reflektieren, um eine professionelle Positionierung zu schaffen, die sowohl dem Team, als auch den Eltern Halt geben kann. Sie haben einen entscheidenden Einfluss auf die Haltung und das daraus resultierende Verhalten ihres Teams, was sie fortbilden müssen und was sie zu einer achtungsvollen Selbst- und Teamreflektion anleiten sollten, damit diese die eigenen binären Muster reflektieren und durchbrechen können. Es muss im pädagogischen Team ggf. eine Haltungsveränderung, eine Umschreibung der eigenen binären Muster, stattfinden. Die Leitung einer Kita ist Ansprechpartner für Kinder, Eltern und Netzwerkteilnehmer*innen, um die individuellen Wege der queeren Kinder angemessen zu begleiten und bestmögliche Unterstützung von Seiten der Kita anzubieten. Sie trägt außerdem die Verantwortung, dass eine nicht binäre Umgebung für die queeren Kinder geschaffen wird, so dass auch diese Kinder sich gesehen und willkommen geheißen werden. So ist die Leitung einer Kita letztlich die Person, die den Anpassungsprozess von einer binär ausgerichteten Kita an die zeitgemäße Kita für queere Kinder verantwortet von der Einführung, dem Umsetzen und der ständig nötigen Reflexion.

6 Literaturverzeichnis

Carl, Verena; Kolb, Christiane (2023): Queere Kinder. Eine Orientierungshilfe für Familien von LGBTQIA+ -Kindern und -Jugendlichen. 1. Auflage. Weinheim: Julius Beltz GmbH & Co. KG.

Die Bundesregierung informiert | Startseite (2024a): Aktionsplan "Queer leben" | Bundesregierung. Online verfügbar unter https://www.bundesregierung.de/breg-de/aktuelles/aktionsplanqueerleben-2144130, zuletzt aktualisiert am 12.02.2024, zuletzt geprüft am 12.02.2024.

Die Bundesregierung informiert | Startseite (2024b): Aktionsplan "Queer leben" | Bundesregierung. Online verfügbar unter https://www.bundesregierung.de/breg-de/aktuelles/aktionsplanqueerleben-2144130, zuletzt aktualisiert am 12.02.2024, zuletzt geprüft am 12.02.2024.

Die Bundesregierung informiert | Startseite (2024c): Aktionsplan "Queer leben" | Bundesregierung. Online verfügbar unter https://www.bundesregierung.de/breg-de/aktuelles/aktionsplanqueerleben-2144130, zuletzt aktualisiert am 12.02.2024, zuletzt geprüft am 12.02.2024.

Die Bundesregierung informiert | Startseite (2024d): Aktionsplan "Queer leben" | Bundesregierung. Online verfügbar unter https://www.bundesregierung.de/breg-de/aktuelles/aktionsplanqueerleben-2144130, zuletzt aktualisiert am 12.02.2024, zuletzt geprüft am 12.02.2024.

Familie, Internetredaktion des Bundesministeriums für (2024a): (Un-)Sichtbarkeit von lsbq Menschen. Online verfügbar unter https://www.regenbogenportal.de/informationen/un-sichtbarkeit-von-lsbq-menschen, zuletzt aktualisiert am 14.02.2024, zuletzt geprüft am 14.02.2024.

Familie, Internetredaktion des Bundesministeriums für (2024b): Sexuelle und geschlechtliche Vielfalt als Themen in der Kita. Online verfügbar unter https://www.regenbogenportal.de/informationen/sexuelle-und-geschlechtliche-vielfalt-als-themen-in-der-kita, zuletzt aktualisiert am 15.02.2024, zuletzt geprüft am 15.02.2024.

Florian, Ulrike (2024): Deutscher Ethikrat veröffentlicht Ad-hoc-Empfehlung zu Trans-Identität bei Kindern und Jugendlichen. Online verfügbar unter https://www.ethikrat.org/mitteilungen/mitteilungen/2020/deutscher-ethikrat-veroeffentlicht-ad-hoc-empfehlung-zu-trans-identitaet-bei-kindern-und-jugendlichen/?cookieLevel=not-set, zuletzt aktualisiert am 15.02.2024, zuletzt geprüft am 15.02.2024.

Hubrig, Silke (2023): Geschlechterbewusste Pädagogik. 1. Auflage. Hg. v. Thilo Bergmann. Freiburg im Breisgau: Verlag Herder (Kindergarten heute. Praxis kompakt).

Meinhold, Juliane: Dokumentation_QUEER_Paritaet_120220. Online verfügbar unter https://www.der-paritaetische.de/fileadmin/JugendsozialarbeitNewsletterArchiv/Dokumentation_QUEER_Parit aet_120220.pdf, zuletzt geprüft am 29.11.2023.

Meyer, Lydia (2023): Die Zukunft ist nicht binär. 1. Auflage. Hamburg: ROWOHLT Taschenbuch.

Oldemeier, Kerstin (2021): Geschlechtlicher Neuanfang. Narrative Wirklichkeiten junger divers* und trans*geschlechtlicher Menschen. 1. Auflage. Leverkusen: Verlag Barbara Budrich.

Queer-in-der-Kita. Online verfügbar unter https://www.kompetenznetzwerk-deki.de/fileadmin/user_upload/Material/Materialsammlung/Queer-in-der-Kita.pdf, zuletzt geprüft am 29.11.2023.

Rauchfleisch, Udo (2021): Sexuelle Orientierungen und Geschlechtsentwicklungen im Kindes- und Jugendalter. 1. Aufl. Stuttgart: Verlag W. Kohlhammer (Psychodynamische Psychotherapie mit Kindern, Jugendlichen und jungen Erwachsenen).

soziales. hessen.de (2024a): Kinderschutzkonzepte. Online verfügbar unter https://soziales.hessen.de/kinder-und-jugendliche/kinder-und-jugendrechte/kinderschutzkonzepte, zuletzt aktualisiert am 09.02.2024, zuletzt geprüft am 11.02.2024.

soziales. hessen.de (2024b): Offen, respektvoll, anerkennend. Online verfügbar unter https://soziales.hessen.de/presse/offen-respektvoll-anerkennend, zuletzt aktualisiert am 11.02.2024, zuletzt geprüft am 11.02.2024.

soziales. hessen.de (2024c): Offen, respektvoll, anerkennend. Online verfügbar unter https://soziales.hessen.de/presse/offen-respektvoll-anerkennend, zuletzt aktualisiert am 11.02.2024, zuletzt geprüft am 11.02.2024.

soziales. hessen.de (2024d): Offen, respektvoll, anerkennend. Online verfügbar unter https://soziales.hessen.de/presse/offen-respektvoll-anerkennend, zuletzt aktualisiert am 11.02.2024, zuletzt geprüft am 11.02.2024.

soziales. hessen.de (2024e): Offen, respektvoll, anerkennend. Online verfügbar unter https://soziales.hessen.de/presse/offen-respektvoll-anerkennend, zuletzt aktualisiert am 11.02.2024, zuletzt geprüft am 11.02.2024.

Vielfalt in der Kita: Methoden für Kita-Fachkräfte (2024). Online verfügbar unter https://www.lsvd.de/de/ct/4386-Vielfalt-in-der-Kita-Methoden-fuer-Kita-Fachkraefte, zuletzt aktualisiert am 15.02.2024, zuletzt geprüft am 15.02.2024.

BEI GRIN MACHT SICH IHR WISSEN BEZAHLT

- Wir veröffentlichen Ihre Hausarbeit,
  Bachelor- und Masterarbeit

- Ihr eigenes eBook und Buch -
  weltweit in allen wichtigen Shops

- Verdienen Sie an jedem Verkauf

Jetzt bei www.GRIN.com hochladen
und kostenlos publizieren